ΑΓΑΠΩ ΤΗΝ ΙΣΤΟΡΙΑ

Μέγας Αλέξανδρος

Κείμενα: Α.Π.

Εικόνες-Δραστηριότητες: Εύα Καραντινού

εκδόσεις
ΑΓΚΥΡΑ

Τα παιδικά χρόνια του Αλεξάνδρου

Όταν γεννήθηκε ο Αλέξανδρος, έτρεχαν όλοι στα διαμερίσματα του παλατιού ν' αναγγείλουν το σπουδαίο γεγονός.

Πατέρας του Αλεξάνδρου ήταν ο Φίλιππος, ο βασιλιάς της Μακεδονίας και μητέρα του η βασίλισσα Ολυμπιάδα.

Ο Φίλιππος υπήρξε φιλόδοξος και ικανός βασιλιάς. Στόχος του ήταν να επεκτείνει το βασίλειό του. Ονειρευόταν να ενώσει την Ελλάδα κάτω από μία διοίκηση και να κατακτήσει την Ασία. Ένα από τα σημαντικά δημιουργήματά του ήταν η μακεδονική φάλαγγα, ακα-

ταμάχητο όπλο του μακεδονικού στρατού (βλ. σελ. 17).

Ο Αλέξανδρος μεγάλωνε. Ο καλύτερός του φίλος ήταν ο Ηφαιστίωνας. Τα δυο αγόρια μάθαιναν μαζί τις πολεμικές τέχνες και στον ελεύθερο χρόνο τους έπαιζαν λύρα και διάβαζαν ποίηση. Όταν πια ο Αλέξανδρος πλησίασε στην εφηβεία, ο Φίλιππος προσέλαβε για δάσκαλό του τον περίφημο Έλληνα φιλόσοφο, Αριστοτέλη.

Ο Αριστοτέλης συνέβαλε πολύ θετικά στη διαμόρφωση της προσωπικότητας του Αλεξάνδρου, που ο ίδιος τον θαύμαζε και τον εκτιμούσε πάρα πολύ.

Μια μέρα ο Αλέξανδρος ζήτησε από τον πατέρα του να τον αφήσει να ιππεύσει ένα άγριο αλλά υπέροχο άλογο, που κανείς δεν κατάφερνε να το τιθασεύσει. Ο πατέρας του ανησύχησε πολύ με αυτή την επιθυμία του γιου του.

Όμως, ο Αλέξανδρος ήταν σίγουρος ότι θα τα κατάφερνε γιατί είχε καταλάβει την αιτία που το άλογο αντιδρούσε τόσο βίαια. Πριν το ιππεύσει, λοιπόν, το έστρεψε έτσι ώστε να μην έχει τον ήλιο αντίκρυ του και να πέφτει η σκιά πίσω του. Στη συνέχεια, πήδησε στη ράχη του και χωρίς δυσκολία άρχισε να καλπάζει. Ο βασιλιάς Φίλιππος ένιωσε περήφανος για τον γιο του και συγκινημένος, του χάρισε το άλογο που το όνομά του ήταν Βουκεφάλας.

Ο Αλέξανδρος σεβόταν και θαύμαζε τον πατέρα του, αυτό όμως που τον στενοχωρούσε ήταν η συμπεριφορά του απέναντι στη μητέρα του. Όταν ο Αλέξανδρος έγινε είκοσι χρόνων, ο Φίλιππος αποφάσισε να παντρευτεί μια άλλη γυναίκα και να την κάνει βασίλισσα. Το γεγονός αυτό εξόργισε τον Αλέξανδρο. Ύστερα, όμως, από λίγο καιρό συνέβη κάτι τρομερό... ο Φίλιππος δολοφονήθηκε κι έτσι ανακηρύχθηκε βασιλιάς της Μακεδονίας ο Αλέξανδρος.

Ο βασιλιάς Αλέξανδρος

Με το που ανέλαβε βασιλιάς ο Αλέξανδρος, κάποιες ελληνικές πόλεις άρχισαν να εξεγείρονται. Η πρώτη πόλη που επαναστάτησε ήταν η Θήβα. Ο Αλέξανδρος, όμως, κατάφερε γρήγορα να καταστείλει την επανάσταση και να ισοπεδώσει την πόλη, αφήνοντας μόνο όρθιο του σπίτι του ποιητή Πινδάρου, που τον είχε ακουστά από τον δάσκαλό του, τον Αριστοτέλη. Στη συνέχεια, αφού διαπίστωσαν τις ικανότητες του Αλεξάνδρου, οι ελληνικές πόλεις-κράτη υποτάχτηκαν. Ο Αλέξανδρος, όμως, είχε μεγαλύτερα σχέδια. Σκόπευε να εισβάλει στην περσική αυτοκρατορία, αποφασισμένος να πραγματοποιήσει τη θέληση του πατέρα του, που ήταν και δική του. Μέσα σε λίγο διάστημα εκπαίδευσε έναν μεγάλο στρατό, έφτιαξε στόλο και ξεκίνησε για την Ανατολή. Τα πλοία μετέφεραν, εκτός από στρατιώτες και χτίστες, επιστήμονες και καλλιτέχνες.

Ύστερα από ένα μακρύ ταξίδι και μόλις πλησίασαν στην ακτή της Ασίας, ο Αλέξανδρος πήδησε από το πλοίο, βγήκε στη στεριά και έμπηξε ένα κοντάρι στην άμμο, κίνηση που συμβόλιζε τη βεβαιότητά του ότι θα κατακτούσε αυτή τη γη.

Ο Αλέξανδρος συνέχισε την πορεία του προς τον νότο. Σύντομα, όμως, αντιμετώπισε ένα πρόβλημα: τον μεγάλο Γρανικό ποταμό, όπου απέναντι τον περίμενε ο περσικός στρατός. Πώς θα περνούσε απέναντι με τον στρατό του; Αμέσως έψαξε και βρήκε το πιο ρηχό σημείο του ποταμού, πέρασε με τους άντρες του και όρμησαν στους Πέρσες. Εκείνοι, μην μπορώντας να αντιμετωπίσουν τον γενναίο στρατό

του Αλεξάνδρου, τράπηκαν σε φυγή. Ο Αλέξανδρος, νικητής, συ-
νέχισε την πορεία του. Δεν έμεινε πόλη που να μην την κατακτήσει
στο διάβα του. Οι περισσότερες τον δέχονταν σαν ήρωα, προσ-
δοκώντας καλύτερες μέρες. Στην πόλη, μάλιστα, των Καριών, τον
υποδέχτηκε η ίδια η βασίλισσα Άδα. Ο Αλέξανδρος, ικανοποιημέ-
νος από την υποδοχή της, την άφησε στον θρόνο της.

Όταν ο Αλέξανδρος έφτασε στο Γόρδιο αντίκρισε ένα ξακου-
στό άρμα στο κέντρο της πόλης. Ήταν χρόνια δεμένο με έναν
τόσο μπερδεμένο κόμπο, που κανένας δεν μπορούσε να τον λύ-
σει. Τότε κάποιος κάτοικος της πόλης τού είπε για έναν θρύλο
που έλεγε ότι όποιος κατάφερνε να λύσει αυτόν τον κόμπο, θα
κυβερνούσε την Ασία.

«Εγώ έχω τον δικό μου τρόπο να λύσω τον γόρδιο δεσμό», είπε
ο Αλέξανδρος. Σήκωσε αποφασιστικά το σπαθί του, το κατέβασε
με δύναμη κι έκοψε τον κόμπο στη μέση.

Ο Αλέξανδρος κατακτά την Ανατολή

Έναν ολόκληρο χρόνο πολεμούσε με τον στρατό του ο Αλέξανδρος. Τα τρόφιμα λιγόστευαν και οι δυσκολίες ήταν αρκετές. Τότε αποφάσισε να κατευθυνθεί στη Συρία. Οι άντρες του, που τον εμπιστεύονταν απόλυτα, τον ακολούθησαν. Στη συνέχεια, όμως, βρέθηκαν μπροστά στον Δαρείο, τον βασιλιά της Περσίας, που τους περίμενε μ' έναν στρατό από εξακόσιες χιλιάδες περίπου άντρες. Οι Μακεδόνες πανικοβλήθηκαν. Ο Αλέξανδρος, όμως, εντόπισε ένα σημείο όπου ήταν παρατεταγμένο το ασθενέστερο τμήμα του περσικού στρατού. Πήρε τότε μερικούς από τους ιππείς του και όρμησε σ' αυτό το αδύνατο σημείο της παράταξης. Τα περσικά στρατεύματα αιφνιδιάστηκαν και στη συνέχεια σκορπίστηκαν. Τότε ο Αλέξανδρος στράφηκε κατά του Δαρείου που μόλις τον είδε να καταφτάνει, τράπηκε σε φυγή. Ο περσικός στρατός, νιώθοντας ακέφαλος, ηττήθηκε εύκολα.

Μετά τη μάχη ο Αλέξανδρος πήγε στη σκηνή του Δαρείου, που ήταν γεμάτη θησαυρούς που όμοιούς τους δεν είχε ξαναδεί. Εκτός, όμως, από τους θησαυρούς του Δαρείου μέσα στη σκηνή ήταν η γυναίκα του, η μητέρα του και τα παιδιά του, που έπεσαν στα γόνατα ικετεύοντάς τον να τους λυπηθεί. Τότε κι εκείνος έδειξε έλεος.

Όταν πια οι άντρες του ξεκουράστηκαν, ο Αλέξανδρος τους οδήγησε προς τον νότο. Η πίστη του μεταδιδόταν στους άντρες του. Σε όποια πόλη επιτέθηκαν, την κατέκτησαν. Ώσπου έφτασαν στο νησί της Τύρου. Εκεί οι κάτοικοι ήταν αποφασισμένοι να μην αφήσουν κανέναν να μπει στο νησί τους. Τότε ο Αλέξανδρος έβαλε τους άντρες του να στήσουν ένα ανάχωμα στη θάλασσα και εκεί τοποθέτησαν τις πολιορκητικές μηχανές. Στη συνέχεια έδεσαν έναν κριό ανάμεσα σε δύο πλοία κι άρχισαν να εκτοξεύουν λιθάρια που άνοιγαν τρύπες στα τείχη. Έτσι, ο στρατός του Αλεξάνδρου, κατάφερε να ορμήσει μέσα από τ' ανοίγματα στην πόλη και ανάγκασε τους γενναίους κατοίκους της να παραδοθούν.

Μόλις ο Δαρείος έμαθε ότι ο Αλέξανδρος είχε κυριεύσει και την Τύρο, του έστειλε πανικοβλημένος μήνυμα: «Αν σταματήσεις τώρα τον πόλεμο, θα σου δώσω τα μισά εδάφη μου και την κόρη μου για γυναίκα σου», του πρότεινε. Όμως, ο Αλέξανδρος χαμογέλασε και απάντησε στον αγγελιαφόρο του Δαρείου: «Πες στον βασιλιά σου πως τα μισά εδάφη του τα έχω ήδη κι όσο για την κόρη του, όποια στιγμή θέλω την παντρεύομαι» – κι έτσι, ο πόλεμος συνεχίστηκε...

Το επόμενο σχέδιο του Αλεξάνδρου ήταν να κατακτήσει την Αίγυπτο. Οι Αιγύπτιοι τον υποδέχτηκαν σαν ελευθερωτή τους και τον έστεψαν βασιλιά τους. Εκεί ο Αλέξανδρος θέλησε να επισκεφτεί τον ναό ενός Αιγύπτιου θεού, του Άμωνα, που βρισκόταν στην όαση

Σίβα, στην έρημο. Ο Αλέξανδρος πίστευε ότι ο Δίας με τον Άμωνα ήταν ένα και το αυτό, κι ήθελε να μιλήσει με τον ιερέα του ναού.

Όταν επέστρεψε δεν είπε σε κανέναν τι είχε ρωτήσει τον ιερέα. Μόνο στον φίλο του τον Ηφαιστίωνα άφησε να εννοηθεί ότι αυτά που του είπε ο ιερέας, ήταν πολύ σημαντικά για τον ίδιο. Οι στρατηγοί του, όμως, υπέθεσαν ότι ο ιερέας τον είχε βεβαιώσει ότι θα κατακτούσε τον κόσμο και πως είχε τη δύναμη θεού.

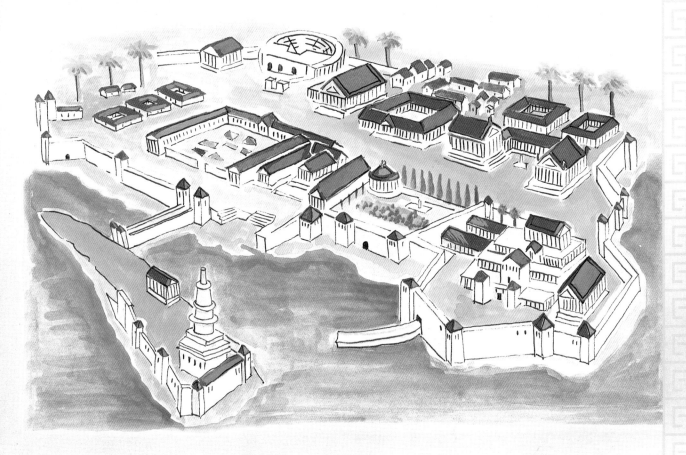

Το διάστημα που έμεινε ο Αλέξανδρος στην Αίγυπτο επέλεξε μια ωραία τοποθεσία πλάι στη θάλασσα και σχεδίασε μια πόλη που την ονόμασε Αλεξάνδρεια. Όσο οι κατακτήσεις του συνεχίζονταν, έχτισε κι άλλες πόλεις με τ' όνομά του, που αποτέλεσαν κέντρα διάδοσης του ελληνικού πολιτισμού. Η μεγάλη, όμως, επιθυμία του Αλεξάνδρου ήταν να φτάσει στην Περσία.

Οι βασιλείς συγκρούονται

Οι Μακεδόνες βάδιζαν για μήνες αναζητώντας τον Δαρείο, ώσπου τον συνάντησαν στα Γαυγάμηλα. Αυτή τη φορά ο Δαρείος είχε διαλέξει ένα μέρος όπου είχε ισοπεδώσει εντελώς το έδαφος. Είχε στο μυαλό του τον σχηματισμό μάχης του Αλεξάνδρου κι ο στρατός του θα χρησιμοποιούσε όπλα μακεδονικού τύπου. Είχε, επίσης, και διακόσια άρματα με λεπίδες στους τροχούς. Ακόμη είχε σκορπίσει καρφιά στη μεριά όπου θα παρατάσσονταν οι Μακεδόνες, έτσι ώστε να σκοντάφτουν τ' άλογά τους όταν θα ξεκινούσε η επίθεση.

Η μάχη άρχισε κι ήταν πολύ άγρια. Ο Δαρείος πρόσταξε να ριχτούν στη μάχη τ' άρματά του. Με έκπληξη είδε πως αντί να αντεπιτεθούν οι Μακεδόνες, εξαπλώθηκαν. Τα άλογα των Περσών τούς προσπέρασαν κι έπεσαν πάνω στα καρφιά. Στη συνέχεια, ο Αλέξανδρος καταδίωξε το άρμα του Δαρείου και σκότωσε τον αμαξηλάτη του. Ο Δαρείος, όμως, είχε εξαφανιστεί. Αμέσως μετά ο Αλέξανδρος κυρίευσε τις πόλεις Βαβυλώνα και Σούσα και συνέχισε προς την ανατολή. Ο μόνος δρόμος για να προχωρήσει ήταν ένα στενό μονοπάτι, γνωστό ως πύλες της Περσίας. Εκεί τον περίμενε ο περσικός στρατός. Αμέσως διέταξε τους άντρες του να βρουν κάποιον που γνώριζε την περιοχή. Σε λίγο του έφεραν έναν νεαρό βοσκό που τρομαγμένος του είπε πως υπήρχε κι ένα άλλο πέρασμα στην κορυφή του βουνού, αλλά πολύ απότομο. Όταν έπεσε η νύχτα ο Αλέξανδρος οδήγησε από το πέρασμα μια μικρή ομάδα αντρών μέσα στο χιόνι και κύκλωσε τους Πέρσες.

Το ξημέρωμα ο Αλέξανδρος χτύπησε τους Πέρσες από πίσω, ενώ ο υπόλοιπος στρατός του από μπροστά. Αιφνιδιασμένοι οι Πέρσες έπαθαν πανωλεθρία. Ο Αλέξανδρος, έφτασε θριαμβευτής πια στην Περσέπολη, την πρωτεύουσα των Περσών. Αντικρίζοντας τον μοναδικό πλούτο της, σκέφτηκε τους συντρόφους του που είχαν σκοτωθεί για να φτάσει εκείνος μέχρι εδώ. Αμέσως προέτρεψε τους στρα-

τιώτες του να αρπάξουν ό,τι ήθελαν από τους θησαυρούς.

Ο Αλέξανδρος είχε γίνει δεκτός σαν ήρωας στις χώρες που είχε κατακτήσει. Τώρα, όμως, ο λαός τον αποδοκίμαζε. Το γεγονός αυτό τον εξόργισε και πρόσταξε τους άντρες του να κάψουν το ανάκτορο. Μέσα σε μια νύχτα, η Περσέπολη έγινε στάχτη. Όταν πια είδε τα ερείπια, ο Αλέξανδρος μετάνιωσε για την απόφασή του αλλά ήταν πλέον αργά. Στη συνέχεια, ξεκίνησε να καταδιώξει τον Δαρείο. Ένας μακρινός όμως συγγενής του Δαρείου τον δολοφόνησε και στη συνέχεια έστεψε τον εαυτό του βασιλιά. Ο Αλέξανδρος οργίστηκε με αυτή την πράξη και αφού κήδεψε τον Δαρείο με τιμές, πρόσταξε να συλλάβουν τον δολοφόνο του και να τον εκτελέσουν.

Ο Αλέξανδρος κυβερνήτης της Περσίας

Ο Αλέξανδρος ήταν πια βασιλιάς και των Περσών. Το μεγάλο του όνειρο είχε εκπληρωθεί. Η συμπεριφορά του, όμως, είχε αλλάξει. Φερόταν σαν Πέρσης βασιλιάς και απαιτούσε από τους Μακεδόνες να υποκλίνονται μπροστά του, όπως οι Πέρσες ευγενείς. Το γεγονός αυτό εξόργισε τους Μακεδόνες. Μια μέρα, ο Αλέξανδρος έδωσε ένα συμπόσιο για τους αξιωματικούς του. Ο Κλείτος, ένας από τους φίλους του αξιωματικούς, παίρνοντας θάρρος από το κρασί που είχε πιει, φώναξε: «Αλέξανδρε, κάποτε φερόσουν σαν κι εμάς, αλλά τώρα φέρεσαι σαν Πέρσης βασιλιάς. Να ξέρεις, γιος θεού δεν είσαι. Γιος του βασιλιά Φιλίππου είσαι, που ήταν καλύτερος από σένα».

Μόλις άκουσε αυτά τα λόγια ο Αλέξανδρος, άρπαξε το κοντάρι του και χτύπησε τον Κλείτο στην καρδιά. Όταν κατάλαβε τι είχε κάνει, μετανιωμένος ξέσπασε σε θρήνο. Ο Κλείτος ήταν γενναίος στρατιώτης και του είχε σώσει κάποτε τη ζωή.

Ένας βασιλικός γάμος

Παρόλο που ο Αλέξανδρος ήταν πια παντοδύναμος, ο Οξυάρτης, βασιλιάς των σκυθικών φυλών, τον προκάλεσε περιμένοντάς τον για να πολεμήσει μαζί του σ' ένα βουνό. Ο Αλέξανδρος πρόσφερε μεγάλη αμοιβή στον πρώτο που θα έφτανε στην κορυφή του βουνού. Αρκετοί στρατιώτες προσφέρθηκαν να σκαρφαλώσουν και πολλοί κατάφεραν να φτάσουν στην κορυφή. Έτσι ο Οξυάρτης βρέθηκε περικυκλωμένος και αναγκάστηκε να παραδοθεί. Ο Αλέξανδρος, μόλις αντίκρισε την πανέμορφη κόρη του ηττημένου βασιλιά, την ερωτεύτηκε και μετά από λίγους μήνες την παντρεύτηκε. Όμως, οι άντρες του δεν ευχαριστήθηκαν απ' αυτό το γεγονός.

Στην Ινδία

Ο Αλέξανδρος κυβερνούσε πια τη μεγαλύτερη αυτοκρατορία του κόσμου, αλλά δεν του ήταν αρκετό. Ήθελε να κατακτήσει και τη Ινδία. Πώς θα διέσχιζαν, όμως, τον Ινδό ποταμό; Ο Αλέξανδρος έστειλε μερικούς άντρες του να βρουν βάρκες και κάποιους άλλους να κόψουν ξύλα και να φτιάξουν σανίδες. Ύστερα πρόσταξε να δέσουν τις βάρκες μεταξύ τους και να τοποθετήσουν πάνω τους σανίδες. Έφτιαξαν έτσι μια πλωτή γέφυρα και κατάφεραν να περάσουν το ποτάμι. Στο επόμενο ποτάμι, όμως, τους περίμενε ο κυβερνήτης της Ινδίας, ο Πώρος, με εκατοντάδες εκπαιδευμένους ελέφαντες. Οι άντρες του Αλεξάνδρου τρομοκρατήθηκαν. Όμως, και πάλι ο Αλέξανδρος σκέφτηκε ένα

σχέδιο. Κάθε πρωί άρχιζε ο στρατός του να διασχίζει το ποτάμι και οι Ινδοί να ετοιμάζονται για τη μάχη. Τότε οι Μακεδόνες γύριζαν πίσω και μάχη δεν γινόταν. Στο μεταξύ, οι άντρες του Αλεξάνδρου είχαν ανακαλύψει ένα άλλο πέρασμα. Έτσι, μια νύχτα, ο Αλέξανδρος οδήγησε τον μισό στρατό του από κείνο το πέρασμα και ο άλλος μισός στρατός άρχιζε να διασχίζει τον ποταμό, όπως είχε κάνει και άλλες φορές. Ο Πώρος δεν τους πήρε στα σοβαρά και έτσι, σε λίγο βρέθηκε παγιδευμένος. Ο Αλέξανδρος ήταν για ακόμη μια φορά νικητής. Έστειλε όμως ένα μήνυμα στον Πώρο και τον ρωτούσε να του πει, πώς ήθελε να του φερθεί.

«Σαν σε βασιλιά», του απάντησε ο Πώρος με αξιοπρέπεια.

Ο Αλέξανδρος κράτησε τον λόγο του και τον διόρισε μάλιστα κυβερνήτη των εδαφών της Ινδίας, κάτω από τη δική του ηγεσία.

Ωστόσο, ένα πολύ δυσάρεστο γεγονός τον λύπησε πολύ. Λίγο μετά τη μάχη πέθανε το αγαπημένο του άλογο, ο Βουκεφάλας. Στη μνήμη του ο Αλέξανδρος έχτισε μια πόλη που την ονόμασε Βουκεφάλα.

Ο δρόμος της επιστροφής

Ο Αλέξανδρος, όμως, δεν είχε σκοπό να σταματήσει τις κατακτήσεις του. Αυτό δυσαρέστησε πολύ τους άντρες του που είχαν κουραστεί πολύ από τους πολέμους, αλλά ο Αλέξανδρος κίνησε αποφασισμένος για την Κίνα, με έναν στρατό εξαντλημένο.

Το ταξίδι τους δεν ήταν καθόλου εύκολο. Πέσανε πάνω στην εποχή των μουσώνων κι έβρεχε ασταμάτητα. Οι στρατιώτες ζητούσαν να γυρίσουν στην πατρίδα τους, αλλά ο Αλέξανδρος δεν τους άκουγε. Μέχρι που έφτασαν στο πέμπτο ποτάμι και οι άντρες αρνήθηκαν να συνεχίσουν. Έτσι, ο Αλέξανδρος αναγκάστηκε να δεχτεί να γυρίσουν πίσω, αλλά από διαφορετικό δρόμο, για να εξερευνήσουν τον τόπο. Μια σκληρή πορεία άρχισε μέσα από την έρημο. Τα τρόφιμα και το νερό λιγόστευαν. Τότε ο Αλέξανδρος χώρισε τον στρατό του στα τρία. Το ένα τμήμα συνέχισε από τη θάλασσα, το άλλο μέσα από τα βουνά και το τρίτο μέσα από την έρημο, μαζί με τον Αλέξανδρο.

Πολλοί άντρες δεν κατάφεραν να γυρίσουν πίσω από τις κακουχίες. Όταν έφτασαν στα Σούσα, μια περσική πόλη, ο Αλέξανδρος έκανε έναν ακόμη γάμο με την κόρη του Δαρείου. Υποχρέωσε, μάλιστα, πολλούς από τους αξιωματικούς του να παντρευτούν και κείνοι με θυγατέρες Περσών ευγενών, για να δείξουν τις φιλικές τους διαθέσεις. Για να τους πείσει, τους υποσχέθηκε πλούσια δώρα και οργάνωσε μεγαλειώδεις γιορτές, που κράτησαν μέρες.

Όταν όμως επέστρεψε ο Αλέξανδρος στην Περσία, αντιμετώπισε μια αυτοκρατορία που είχε αρχίσει να επαναστατεί. Πέρασε καιρός μέχρι να ξαναπάρει τον έλεγχο στα χέρια του. Εκείνο τον καιρό πέθανε ο πολυαγαπημένος του φίλος, ο Ηφαιστίων. Τόσο μεγάλος ήταν ο πόνος του Αλεξάνδρου, που κούρεψε σύρριζα τα μαλλιά του.

Προσπαθώντας να ξεπεράσει τη θλίψη του, άρχισε να σκέφτεται νέες εκστρατείες. Μια μέρα που ανοίχτηκε στη θάλασσα με φίλους του, άρπαξε ο άνεμος τη λινή λωρίδα που φορούσε στο κεφάλι του, που προσγειώθηκε σ' ένα γκρεμισμένο κτίσμα. Ένας ιερέας που βρισκόταν στο πλοίο είπε: «Αυτός είναι ο τάφος ενός βασιλιά. Κακό σημάδι».

Σε λίγες μέρες, ο Αλέξανδρος έπεσε άρρωστος βαριά. Ήταν μόλις 33 χρόνων...

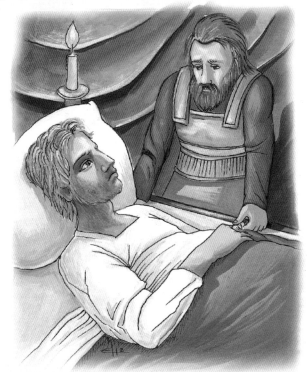

Οι στρατηγοί του ένιωσαν ότι δεν θα άντεχε και πρόσταξαν τους στρατιώτες να παρελάσουν από μπροστά του, να τον αποχαιρετήσουν. Ο Αλέξανδρος τους κοιτούσε έναν έναν, δίχως να μπορεί καν να μιλήσει. Τότε ένας φίλος του έσκυψε από πάνω του και τον ρώτησε: «Σε ποιον αφήνεις την αυτοκρατορία σου;»

«Στον καλύτερο», απάντησε ο Αλέξανδρος και λίγο αργότερα ξεψύχησε.

Οι Μακεδόνες συγκλονισμένοι απόθεσαν το φέρετρό του σε μια χρυσή λάρνακα και ξεκίνησαν το μακρύ ταξίδι της επιστροφής.

Μερικούς μήνες μετά τον θάνατο του Αλεξάνδρου, η χήρα του η Ρωξάνη έφερε στον κόσμο έναν γιο. Λίγο αργότερα δολοφονήθηκαν και οι δύο από κάποιους που ήθελαν να πάρουν την εξουσία στα χέρια τους. Οι στρατηγοί του Αλεξάνδρου πολέμησαν σκληρά πάνω στη γη του, ώσπου την μοίρασαν μεταξύ τους.

Δεν πέρασαν πολλά χρόνια και η αχανής αυτοκρατορία του Αλεξάνδρου κατέρρευσε.

Οι σημαντικότεροι σταθμοί στη ζωή του

356 π.Χ. Γέννηση του Αλεξάνδρου.

338 π.Χ. Ο Φίλιππος κατακτά την Ελλάδα.

336 π.Χ. Ανακηρύσσεται βασιλιάς μετά τη δολοφονία του Φιλίππου.

335 π.Χ. Οι πολίτες της Θήβας εξεγείρονται εναντίον του.

334 π.Χ. Ξεκινά να κατακτήσει τον κόσμο. Ο στόλος του σαλπάρει για την Ασία και θα κερδίσει την πρώτη μάχη του κατά των Περσών στον Γρανικό ποταμό.

333 π.Χ. Νικά τους Πέρσες, αλλά ο Δαρείος διαφεύγει.

332 π.Χ. Στην Αίγυπτο, γίνεται δεκτός σαν ήρωας. Κατά την επίσκεψή του στα παράλια, ιδρύει τη μεγαλοπρεπή πόλη, Αλεξάνδρεια.

331 π.Χ. Άλλη μια μεγάλη ήττα των Περσών στα Γαυγάμηλα, αν και ο Δαρείος δια- φεύγει πάλι. Ο Αλέξανδρος μπαίνει θριαμβευτής στην Περσέπολη.

330 π.Χ. Ο Δαρείος είναι νεκρός.

330-328 π.Χ. Συνεχίζει την κατάκτηση της Ασίας.

329 π.Χ. Σκοτώνει τον Κλείτο, έναν πιστό αξιωματικό, οργισμένος από την κρι- τική του.

327-326 π.Χ. Εισβάλλει στην Ινδία, αφού νίκησε τον βασιλιά Πώρο.

326 π.Χ. Πεθαίνει το υπέροχο άλογό του, ο Βουκεφάλας, και ιδρύει την πόλη Βουκεφάλα στη μνήμη του.

325 π.Χ. Τα σχέδιά του να φτάσει μέχρι την Κίνα αποτυγχάνουν, γιατί ο στρατός του, αρνείται να προχωρήσει. Γυρίζει πίσω, αναγκαστικά.

324 π.Χ. Πεθαίνει ο Ηφαιστίων, ο πιο στενός φίλος του. Είναι συντετριμμένος.

323 π.Χ. Ο Αλέξανδρος πεθαίνει αιφνιδίως, στη Βαβυλώνα.

Η περίφημη «μακεδονική φάλαγγα».

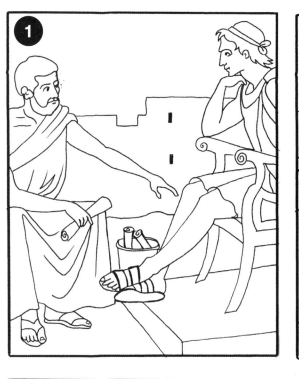

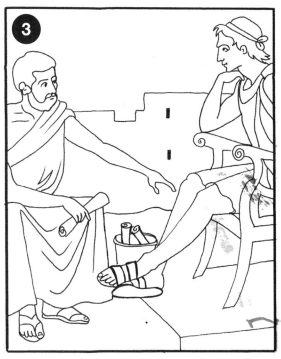
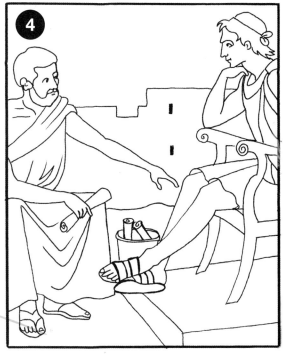

Ο Αλέξανδρος άκουγε με προσοχή τον δάσκαλό του,
τον σοφό Αριστοτέλη. Κάθε μια από τις τρεις εικόνες διαφέρει
σε 5 σημεία από την πρώτη. Μπορείς να βρεις τις διαφορές;

Χρωμάτισε την εικόνα.

1. Έτσι λέγεται ο ποταμός στον οποίο πολέμησε και εναντίον ελεφάντων!

2. Νίκη εναντίον των Περσών πέτυχε εκεί, αλλά ο Δαρείος τού ξέφυγε...

3. Μεγάλη περσική πόλη, όπου ο Αλέξανδρος παντρεύτηκε την κόρη του Δαρείου.

4. Η πρώτη μάχη του εναντίον των Περσών, δόθηκε στον... ποταμό.

5. Μεγάλη ήττα των Περσών σ' αυτή τη μάχη που έγινε στα ...

6. Λεγόταν η μητέρα του.

7. Ο λαός που τον πολέμησε πιο πολύ απ' όλους τους εχθρούς του.

8. Αρχηγός των Περσών και μεγάλος αντίπαλός του.

9. Ήθελε να κατακτήσει και αυτή τη χώρα, αλλά δεν πρόλαβε...

10. Ήταν η πρώτη του γυναίκα.

Αυτό το άγαλμα του Μεγάλου Αλεξάνδρου, βρίσκεται στην παραλία της Θεσσαλονίκης. Μπορείς να χρωματίσεις την εικόνα;

Φ	Ι	Λ	Ι	Π	Π	Ο	Σ	Δ	Ε	Α	Β
Ν	Ψ	Η	Φ	Α	Ι	Σ	Τ	Ι	Ω	Ν	Ι
Δ	Ζ	Ρ	Ν	Γ	Ν	Α	Λ	Η	Ι	Ξ	Γ
Α	Ρ	Ι	Σ	Τ	Ο	Τ	Ε	Λ	Η	Σ	Δ
Ρ	Φ	Σ	Λ	Β	Λ	Μ	Π	Ω	Ρ	Ο	Σ
Ε	Ρ	Β	Ο	Υ	Κ	Ε	Φ	Α	Λ	Α	Σ
Ι	Β	Ι	Ε	Α	Κ	Γ	Ξ	Θ	Γ	Α	Ζ
Ο	Λ	Υ	Μ	Π	Ι	Α	Δ	Α	Ν	Β	Ι
Σ	Γ	Π	Ο	Ζ	Α	Υ	Τ	Φ	Σ	Χ	Κ
Θ	Η	Τ	Ρ	Ω	Ξ	Α	Ν	Η	Χ	Ε	Ξ

Βρες στο παραπάνω κρυπτόλεξο, οριζόντια και κάθετα,
8 ονόματα προσώπων σχετικά με τον Μέγα Αλέξανδρο.

Ε	Λ	Λ	Α	Δ	Α	Π	Κ	Γ	Χ	Ε	Ρ	Τ	Ω
Ο	Φ	Σ	Λ	Β	Μ	Α	Κ	Ε	Δ	Ο	Ν	Ι	Α
Μ	Ρ	Π	Ε	Ζ	Π	Ε	Ρ	Σ	Ι	Α	Τ	Ρ	Ω
Λ	Γ	Τ	Ξ	Ξ	Λ	Α	Ι	Γ	Υ	Π	Τ	Ο	Σ
Ν	Ψ	Β	Α	Β	Υ	Λ	Ω	Ν	Α	Θ	Ι	Ζ	Χ
Α	Ζ	Ρ	Ν	Γ	Ν	Α	Λ	Η	Ι	Ξ	Γ	Ο	Α
Δ	Υ	Π	Δ	Ε	Κ	Σ	Ο	Υ	Σ	Α	Δ	Ι	Η
Ψ	Π	Ε	Ρ	Σ	Ε	Π	Ο	Λ	Η	Β	Ε	Ν	Σ
Μ	Β	Ι	Ε	Α	Κ	Γ	Ξ	Θ	Γ	Α	Τ	Δ	Φ
Ρ	Θ	Μ	Ι	Σ	Ν	Α	Σ	Ι	Α	Λ	Ο	Ι	Π
Θ	Η	Β	Α	Ζ	Α	Υ	Τ	Φ	Σ	Χ	Δ	Α	Κ

Βρες στο παραπάνω κρυπτόλεξο, οριζόντια και κάθετα,
11 γεωγραφικές περιοχές ή πόλεις σχετικές με τον Μέγα Αλέξανδρο.

Αυτό είναι το ασημένιο νόμισμα το οποίο βρίσκεται στο Βρετανικό Μουσείο, στο Λονδίνο. Πάνω του εικονίζεται το κεφάλι του Μεγάλου Αλεξάνδρου. Μπορείς να βρεις τις 5 διαφορές στις δύο εικόνες;

Αυτό είναι το άρμα που ήταν δεμένο με τον Γόρδιο Δεσμό.
Χρωμάτισε την εικόνα.

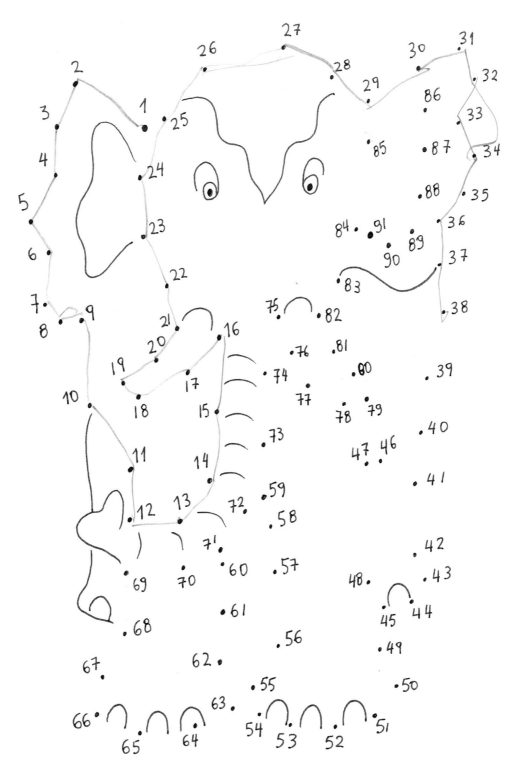

Ένωσε τις τελείες από το 1 έως το 91 και θα δεις τι συνάντησε
ο Μέγας Αλέξανδρος όταν έφτασε στις Ινδίες.

Τα 7 θαύματα του αρχαίου κόσμου

Ο φάρος της Αλεξάνδρειας, της ξακουστής πόλης που έχτισε ο Μέγας Αλέξανδρος στα παράλια της Αιγύπτου, είναι ένα από τα επτά θαύματα της αρχαιότητας. Γνωρίζεις ποια ήταν τα άλλα έξι; Συμπλήρωσε τα ονόματά τους.

1. Ο ΦΑΡΟΣ ΤΗΣ ΑΛΕΞΑΝΔΡΕΙΑΣ

2. ΟΙ _____

_____

_____

3. Η _____

_____

_____

4. O _____

_____

_____

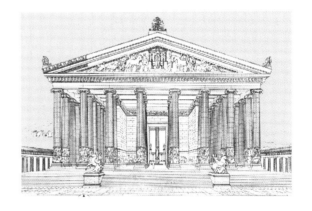

5. O _____

_____

_____

6. TO _____

_____

_____

7. TO _____

_____

_____

Ένωσε τις τελείες από το 1 έως το 95 για να δεις τι ήταν αυτό που φοβόταν ο Βουκεφάλας. Έπειτα μπορείς να χρωματίσεις την εικόνα.

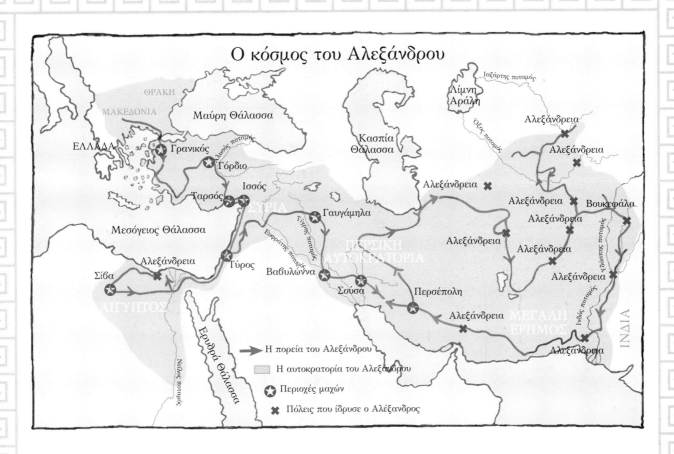

Ο κόσμος του Αλεξάνδρου

1. _ _ _ _ _ _
   Α Ρ Σ Σ Τ Ο

6. _ _ _ _ _ _ _ _ _
   Ε Ε Η Λ Ο Π Π Ρ Σ

2. _ _ _ _ _ _ _ _
   Α Α Β Β Λ Ν Υ Ω

7. _ _ _ _ _ _ _ _ _
   Α Α Β Ε Κ Λ Ο Υ Φ

3. _ _ _ _ _
   Α Ο Σ Σ Υ

8. _ _ _ _ _
   Ο Ρ Σ Τ Υ

4. _ _ _ _ _
   Ι Ο Σ Σ Σ

9. _ _ _ _ _ _ _ _ _
   Α Α Α Γ Γ Η Λ Μ Υ

5. _ _ _ _ _ _ _ _
   Α Γ Ι Κ Ν Ο Ρ Σ

10. _ _ _ _ _ _
    Γ Δ Ι Ο Ο Ρ

Βάλε στη σωστή σειρά τα μπερδεμένα γράμματα και βρες τις πόλεις
και τις περιοχές που πέρασε ο Αλέξανδρος. Συμβουλέψου τον χάρτη.

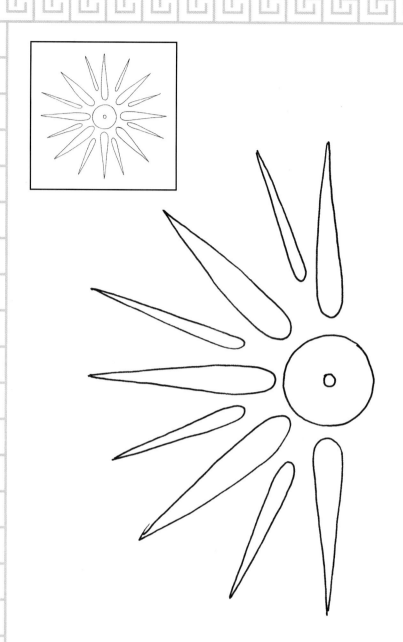

Ο μεγάλος αρχαιολόγος Μανόλης Ανδρόνικος, στις ανασκαφές που έκανε στην περιοχή της Βεργίνας, στη Μακεδονία, ανακάλυψε το 1977 τον τάφο του βασιλιά Φιλίππου. Στη σημαντική αυτή ανασκαφή βρέθηκε κι ένα ολόχρυσο κουτί, που λέγεται λάρνακα. Πάνω σ' αυτό το αντικείμενο, ήταν σκαλισμένο αυτό το αστέρι που λέγεται «ο ήλιος της Βεργίνας» και θεωρείται πως είναι το σύμβολο του μακεδονικού βασιλείου. Η ολόχρυση αυτή λάρνακα, μαζί με όλα τα ευρήματα της σπουδαίας ανασκαφής, εκτίθενται στο Αρχαιολογικό μουσείο της Βεργίνας.
Συμπλήρωσε το σχέδιο και χρωμάτισέ το.

Αυτός είναι ο Δαρείος, ο βασιλιάς των Περσών.
Χρωμάτισε την εικόνα.

ΛΥΣΕΙΣ

ΣΕΛ. 18

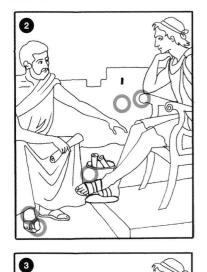

ΣΕΛ. 20

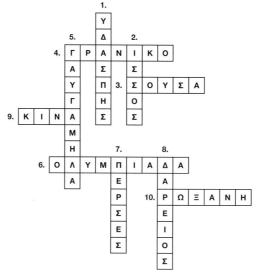

ΣΕΛ. 22

ΣΕΛ. 23

ΣΕΛ. 29 Τα υπόλοιπα 6 θαύματα του αρχαίου κόσμου ήταν:

2. Οι κρεμαστοί Κήποι της Βαβυλώνας

3. Η μεγάλη Πυραμίδα της Γκίζας

4. Ο Κολοσσός της Ρόδου

5. Ο ναός της Άρτεμης στην Έφεσο

6. Το Μαυσωλείο της Αλικαρνασσού

7. Το άγαλμα του Δία στην Ολυμπία

ΣΕΛ. 29 Οι λέξεις είναι:

1. ΤΑΡΣΟΣ
2. ΒΑΒΥΛΩΝΑ
3. ΣΟΥΣΑ
4. ΙΣΣΟΣ
5. ΓΡΑΝΙΚΟΣ
6. ΠΕΡΣΕΠΟΛΗ
7. ΒΟΥΚΕΦΑΛΑ
8. ΤΥΡΟΣ
9. ΓΑΥΓΑΜΗΛΑ
10. ΓΟΡΔΙΟ

32